Ekatarina Glowna

Die Gedichte der Gedanken

Bibliografische Information der Deutschen Nationalbibliothek: Die Deutsche Nationalbibliothek verzeichnet diese Publikation in der Deutschen Nationalbibliografie; detaillierte bibliografische Daten sind im Internet über dnb.dnb.de abrufbar.

© 2018 Ekatarina Glowna
Illustration: Ekatarina Glowna
Covergestaltung: Ekatarina Glowna
1. Auflage Mai 2018

Herstellung und Verlag:
BoD – Books on Demand, Norderstedt

ISBN: 978-3-7528-5164-9 (Hardcover)
ISBN: 978-3-7528-5166-3 (Paperback)

Denken soll ich

überlegen und ermessen

folgern und den Kopf zerbrechen

doch nicht der dumme Gedanke

schafft die Wahrheit

nein

nur der Kluge

Inhalt

Vorwort

Liebe Leserin, lieber Leser!

Sie halten dieses Büchlein in Händen. Es freut mich sehr, dass Sie sich dafür entschieden haben. Falls es sich um ein Geschenk handelt, dann schätzen Sie die nette Geste eines lieben Menschen.

Die Gedichte, die Sie darin finden werden, haben mich selbst beim Schreiben sehr bewegt und ich würde mir wünschen, dass Sie sich ebenfalls inspiriert und bewegt fühlen während Sie lesen und die Bilder betrachten. Gedichte wirken nicht nur durch bloßes Lesen, sie berühren uns und rufen Gefühle hervor. Wir können so viel zwischen den Zeilen lesen, so dass die Verse zu etwas Persönlichem werden.

Tauchen Sie ein in die Gedankenwelt. Gehen Sie auf die Reise in Ihr eigenes Inneres.
Ich wünsche Ihnen eine denkwürdige Auszeit.

Herzlichst Ihre
Ekatarina Glowna

Denkende Gedanken

Denkende Gedanken

Was ist das bloß mit den Gedanken
die sich um die Plätze zanken?
Manchmal ist der Geist so leer
dass fällt das Kopfzerbrechen schwer.
Ein andres Mal im Geiste spult
sich alles ab um eine Nuss.

Ich will
dass alles aus Gedanken spricht
was immer mir im Sinne liegt
dass all Gedanken seien still
wenn ich sie nicht grübeln will.

Doch was bekomme ich?

Wann immer ich suche Gedankenquell
bleibt aus des Geistes Wurzelwerk
werden bald Probleme hell
wird aus dem Nichts ein Feuerherd.

So sag mir doch
Gedanke
liebes Kind
wie ich des Rätsels Lösung find.

Des Gedanken Flüchtigkeit

Ein Gedanke
den ich
schon längst einmal hab denken woll'n
kam einst vorbei
doch leider ohne Einladung.
Wie im Flug kam er daher
klingelte im Sturm
niemand hatte ihm geöffnet
die Türe blieb gefesselt.

Da ließ er sich
nicht nieder
musste wieder gehen.
Er war so sauer
und verschwand
auf Nimmerwiedersehen.

Erstehender Gedanke

Erstehender Gedanke

Ein Gedanke nur gedacht
ist nichts weiter
als ein Geistesblitz.

Der Gedanke, dem ich folge
gehört mir ganz allein.
Der, für den ich Worte finde
möchte in Gesellschaft sein.
Zur Tate möcht er schreiten.

Ein Gedank in Wort verpackt
ist mehr als ein Begriff
wird lebensinnerlich zu Wahrheit
wie ein auslaufendes Schiff.

Ist er ausgesprochen
der Gedank
wird zur Schöpfung er
dann bin ich was ich mir erdacht.
Gedank blüht auf und wird
zu frohsinnlichem Leb erweckt.

Gedankenquelle

Ein Wort, das noch nicht ausgesprochen
war längst gedacht
bevor Gedanken denken konnten.

Wo kommt er her
wo ist die Quell
wo war er zuvor?

Fragen über Fragen plagen
tauchen auf
im innern Ohr.

Doch auch diese treten aus
aus dieser Quelle, die ich suche
Fragen, die zuvor
an diesem Ort gewesen.

Wo ist der Ort
an dem ich finde
was Gedanke vorher war
bevor er das erläutern will
was er für mich bedeutet?

Wenn ich bloß fände diese Stelle
des Gedanken Ursprungsquelle
dann könnt ich so sein
wie ich bin
könnte nur noch das erdenken
was im Ursprung hat den Sinn.

Gedanke, der mir dann verspricht
dass er stets die Wahrheit licht'
Gedanken, die ich denken will
aus mir hervorgesiebt.

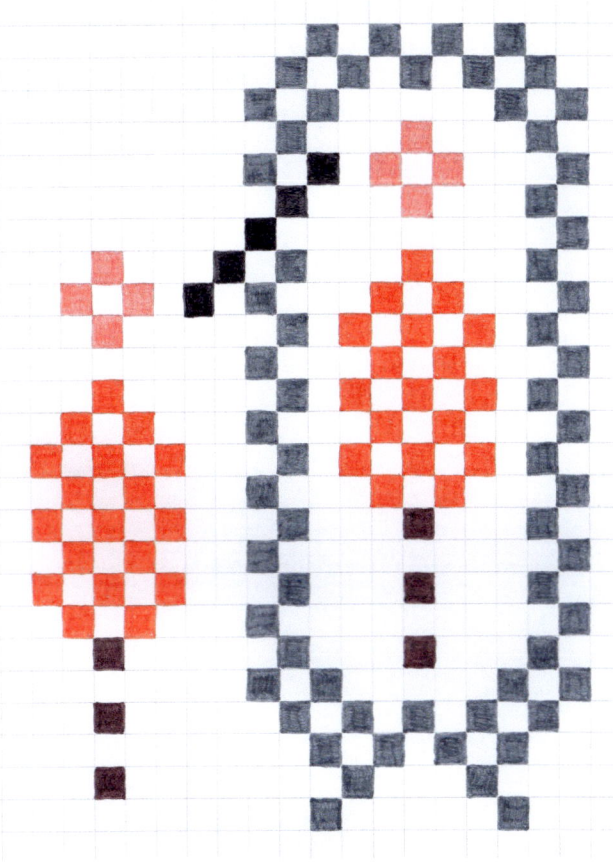

Selbstgespräche

Rede stets in sanftem Ton
mit dir selbst.
Denke sanft, dann weißt du schon
was richtig fühlt
was aufgewühlt
was dich belustigt
dich beschönt
was immer dich belastet.

Rede sanft mit deinem Selbst
dann weißt du schon
was dich durch dein Schicksal trägt
was dich hält auf dieser Welt
was Erfolg beschert und Geld
wie du werden kannst ein Held.

Rede sanft
und sprich ganz leis
mit deiner inneren Instanz.
Denke sanft, dann weißt du schon
wo es ist heiß
und wie du dich bewegen kannst.

Durchdachte Logik

Auf Gedanke Ast
folgt im Logikreich sogleich
Gedanke Baum.
Es muss so sein
da fehlt der Raum.

Wer logisch denkt
muss stets bedenken
dass ihn dicke Fesseln lenken.
Wer logisch denkt
verhindert stets
dass Äste sich verzweigen
und fallen runter auf den Weg
wo Raben sie sich krallen.

Auf Gedanke Ast
folgt im Logikreich sogleich
Gedanke Nest.
Es muss so sein
denn das steht fest.

Wertvolles Selbstgedachtes

Ein Gedanke, den ich las
in einem schlauen Buch
schrieb mir ins Herz, was ich vergaß
doch bedeutet er nur Trug.

Es war nicht mein Gedanke
den ich dacht
jemand war zuvor gekommen
und dennoch hat mein Herz gelacht
weil er mir denken abgenommen.

Lass ich nun wirken den Gedanken
so bleibt er nicht allein
es werden öffnen sich die Schranken
und mir fällt Weit'res dazu ein.

So folgen Geistesblitze
die ich gern bewahre
und lasse niederprasseln diese
sie bilden große Schare.
Ich schreib sie nieder
halt sie fest
damit ein jeder andre
wie ein Fest
sie gleichermaßen
ohne selber sie zu denken
in einem schlauen Buche liest.

Achtsames Denken

Achtsames Denken

Warum nur denken manche Menschen
nicht nach bevor sie reden?
Wo bleibt denn da die Achtsamkeit
vor andrer Menschen Leben?

Nicht jedes Wort, was je gedacht
muss ausgesprochen werden
doch manche Menschen denken nach
nachdem sie eben reden.
Was daraus wird, des Wortes Macht
ist stets egal den feinen Reden.
Was dieses Wort mit Menschen macht
dann sterben eben Leben.

Doch aller Wirklichkeit ist Segen.
Es gibt auch immer einen Menschen
der sich besinnt, bevor er spricht.
Den Finde.
Der sei.

Ideenreiche Gedanken

Ideenreiche Gedanken

Die Wahrheit ist
schon aufgestellt
Gedanken sind
lang etabliert.
Doch die Idee bringt
was erhellt
die Wahrheit echauffiert.

Wenn die Idee
kämpft um ihr Recht
dann muss die Wahrheit weichen
doch es wird ein langer Weg
denn Wahrheit hat die Übersicht.
Was soll Idee da ausrichten
wenn sie nicht genügt?
Nur wenn der Idee Gepäck
so groß ist wie ein Rausch
dann wird sie bahnen sich den Weg
durch Wahrheiten hindurch.

Zukunftsgedanken

Zukunftsgedanken

Das was heute wird gedacht
wird morgen Wahrheit sein.
Das was heute ausgesprochen
wird in Zukunft Leben sein.

Deshalb denke
fühl dich frei
damit es nicht so bleibe
wie es heute sei.

Willst du was verändern
denke
willst in Bahnen lenken
denke
willst du was erreichen
denke.
Wer etwas verändern will
wer hat ein großes Ziel vor Augen
darf vorm Denken sich nicht scheun.
Wer will was in Bahnen lenken
will etwas erreichen
wird das Denken nicht bereun.

Freie Gedanken

Gedanken sind frei
so frei
frei wie ein Schmetterling.
Doch will ich sie in Worte fassen
muss ich sie beschränken
darf nicht alles sagen
was ich denken will.

Doch auch absurdeste Gedanken
haben Platz in dieser Welt
so lang sie halten vor den Schranken
die jemand für sie aufgestellt.

Die Gedanken sind frei
so unglaublich frei
wie Blätter im Wind
getragen von der Welt Natur
dorthin wo sie willkommen sind.

Unreife Gedanken

Unreife Gedanken

Nicht alles was Gedank sich nennt
ist ausgegoren.
Nicht jeder reich Gedanke kennt
wozu er auserkoren.

So mancher faule Auswurf bleibt
recht unbeachtet liegen
verdammt bis in die Ewigkeit
wird Futter für die Fliegen.

Doch mancherorts
so hin und wieder
wird faules Obst zum Samen
Samen, dessen Wurzelwerk
die Stimme hebt
tief aus der Erd.

Die Stimme, der sich Jedermann
niemals nicht entziehen kann
posaunt von allen Dächern
aus Winkeln, Löchern, Ecken
dass niemals jemand hat gedacht
dass aus ihr was wird mit Macht.

Drum lasse niemals platzen
den Gedank in dunklen Rauch.
Lass ihn lieber wachsen
vielleicht wird etwas Großes draus.

Gedankenberg

Gedankenberg

Gedankenberg
du Ungetüm
ich will dich nie mehr wiedersehen.

Lass mich durch
oder drüber
eins von beidem
mir egal.

Doch stell dich nie mehr wieder
in den Weg mir
Ungetüm!

Gleiche Gedanken

Gleiche Gedanken

Der Gedanke, der's geschafft
zu landen im Gedicht
hat viele andre abgestraft
hat sich gebahnt den Weg ins Licht.

Am Ende ward er auserkoren
zu finden seinen Platz
denn er soll transportieren
des Denkers wahren Schatz.

Der Schatz, der Wichtigkeit erlangt
zu teilen den Gedank
zu tragen in die Welt
was nirgendwo geschrieben steht.

Steht er bald dort
auf dem Papiere
Schwarz auf Weiß
geht nie mehr fort
erhält die Ehre
schließt den Kreis.

Stellt die Verbindung her
vom Denker hin zum Rezipient
der sich erfreut am Ende sehr
dass jemand sein Gedanken kennt.

Ungeordnete Gedanken

Ungeordnete Gedanken

Ungeordnet fließt
wie Regenwasser sich ergießt
Gedanke drängt nach außen
wie Regentropfen stets nach unten.

Gedanken werden erst erkannt
wenn Worte sie erfassen
ansonsten bleiben sie gebannt
im Kopfgefängnis freigelassen.

Kreisen stets um gleiche Fäden
verlassen nie das Haus
schließen alle Fensterläden
sind des Grüblers Graus.

So tummeln sie sich
Schicht um Schicht
werden immer mehr.
Was ist Dunkel, was ist Licht?
Bauen weiter auf sich
Schicht um Schicht.

Ungeordnet fließt
Gedankengut in falsche Richtung
nach innen sich ergießt
statt gelenkt in mutig Dichtung.

Ungeordnet bleibt
Gedankenwelt verborgen.
Erst wenn Ordnung sie betreibt
entsteht daraus ein Morgen.

Gefühle vor Gedanken

Am Anfang steht nur ein Gefühl
groß und mutig
oder schwach und kühl.

Doch das Gefühl wird aufgewühlt
gefährlich und hungrig
oder lieb und grazil.

Wie ein Wirbel schraubt sich's hoch
langsam und ausdauernd
oder schnell wie im Sturm.

Worte müssen her für das Gefühl
mächtig und brodelnd
oder windend wie Wurm.

Nur was ausgesprochen findet
einen Weg sich zu verändern
aus Gefühl Gedanke windet
nur Gedanke kann sich äußern.

Geordnete Gedanken

Geordnete Gedanken

Gedanke ausgesprochen
ach wie wunderbar
kam herausgekrochen
aus dem Loch, in dem er war.

Einer nach dem anderen
verlässt das Nest
findet seinen Platz.

An den Wänden solln sie hängen
geordnet bestehn sie jeden Test
und sind wie Gold ein Schatz.

Doch nicht zu viele hänge auf
lass ihnen stets den freien Lauf
Gedanke braucht Veränderung
sonst endet in Verkümmerung.

Zum Abschied

Der Dank gilt Dir
mein lieber Rezipient
ja Dir, es bedeutet mir so viel.
Nur Du hast es geschafft
dass dieses Büchlein hier
seine geschätzte Achtung fand.

Und willst Du mehr
dann fange doch
von vorne an zu lesen.
So manch Gedicht
bekommet so
ein völlig neu Gesicht.

Ekatarina Glowna, Jahrgang 1980, lebt mit ihrer Familie in Frankfurt am Main. Ihre schriftstellerischen Fähigkeiten eignete sie sich während eines dreijährigen Fernlehrgangs in kreativem Schreiben an, den sie 2014 erfolgreich abgeschlossen hat.

Ihren ursprünglichen Traum, einen Roman zu schreiben, hat sie bereits während ihrer Ausbildung aufgegeben und sich der Dichtung zugewandt. Mit der Mischung aus Versen und sogenannten Kästchenbildern möchte sie Gedichten ein neues Gesicht geben und ihre Leser zum Innehalten und Nachdenken anregen.

Mehr von der Autorin ?

Ekatarina Glowna

*Die Gedichte der
Tugenden*